AF143452

L'ÉOLIENNE

Du même auteur

Aux éditions Art et Comédie :

À la bonne vôtre !, 2017

L'Éolienne

Jacques Barutet

Éditions Art et Comédie
3, rue de Marivaux
75002 Paris

Note de l'auteur

Pour écrire cette comédie (que j'avais d'abord intitulée *Madame la maire brasse de l'air!*), je me suis inspiré de débats qui ont fait rage, il y a deux ans, dans la ville natale de mon épouse. Les pouvoirs publics avaient, en effet, décidé de faire construire des éoliennes qui bouchaient le paysage.

Un vent de révolte a soufflé, des pétitions ont circulé, nous étions au bord de la guerre civile! Finalement, malgré la colère, les éoliennes ont été construites.

Cet épisode a donc été le point de départ de la pièce écrite, non seulement pour faire rire mais aussi, dans un souci d'apaisement dont nous avons bien besoin en ce moment.

En effet, depuis que les bureaux de postes, les boutiques et les cafés ferment les uns après les autres dans les petites villes, le théâtre est le dernier liant social. Et, quoi de mieux au théâtre que le rire? Le rire qui rassemble, qui relie et qui réconcilie le temps d'une représentation.

Personnages (9)

Sophie : maire du village, ambitieuse et déterminée.

Léa : fille de Sophie, employée de la mairie.

Clara : artiste locale, extrêmement timide.

Camille : journaliste à la *Voix locale*.

Danny : hippie dans la force de l'âge.

Dominique : personne complotiste.

Claude : personne bricoleuse.

Valéry : personne conservatrice.

Victor : ingénieur.

Les rôles de Camille, Danny, Dominique, Claude et Valéry, peuvent être, au choix, masculins ou féminins.

Décor

L'action se déroule dans le bureau de Sophie, la maire.

ACTE I

SCÈNE 1

Sophie entre dans son bureau avec une pile de dossiers, elle le dépose sur son bureau et s'incline respectueusement devant la photographie officielle du président de la République. Léa entre.

LÉA. — Dis-moi, maman...

SOPHIE. — Je t'ai déjà dit de ne pas m'appeler comme ça, ici!

LÉA. — Tu préfères que je t'appelle Sophie?

SOPHIE. — Appelle-moi Mme la maire, comme tout le monde! Et tu me vouvoies, merci.

LÉA. — Tu n'as pas l'impression d'en faire trop?

SOPHIE. — Tu parles! Déjà que ces imbéciles de Dominique et Valéry ont hurlé quand je t'ai fait embaucher par la commune, on ne va pas tendre le bâton pour se faire battre. Gardons nos distances!

LÉA. — Nous sommes toutes seules...

SOPHIE. — Non, Léa, nous ne sommes pas seules.

Elle désigne du coin de l'œil la photo du Président.

LÉA. — M'étonnerait qu'il nous entende.

SOPHIE, *en plein recueillement.* — Chut.

LÉA. — Quand je disais que tu…

SOPHIE. — Vous !

LÉA. — Que vous en faisiez trop…

SOPHIE. — On n'en fait jamais trop quand on est au service de la République.

LÉA. — Bien sûr… Vous me rappelez combien il y a d'habitants dans la commune ?

SOPHIE. — Trois cent vingt-cinq. Trois cent vingt-cinq âmes dont j'ai la charge.

LÉA. — Ah oui ! Carrément…

SOPHIE. — Tu ne sais pas ce que c'est, toi. Tu ne vois pas l'immense responsabilité qui est la mienne.

LÉA. — J'en ai bien une petite idée.

SOPHIE. — Le ramassage des poubelles…

LÉA. — C'est le mardi. Ça fait des années que c'est le mardi.

SOPHIE. — Les mariages…

LÉA. — Il n'y en a pas eu depuis trois ans.

SOPHIE. — Et surtout, l'éclairage public !

LÉA. — Ah ! ça…

SOPHIE. — La facture a doublé, Léa. Doublé !

LÉA. — Oui, merci, je suis au courant.

SOPHIE. — C'est à moi qu'il incombait de trouver une solution. Et j'ai trouvé.

LÉA. — Ah oui?

SOPHIE. — Eh oui!

LÉA. — Et qu'est-ce que c'est?

On toque à la porte.

SOPHIE. — Va ouvrir. Tu sauras bientôt.

LÉA. — Je te rappelle que tu as fixé une réunion publique dans la salle des fêtes à 14 h 30. C'est dans dix minutes.

SOPHIE. — Je serai à l'heure, comme toujours. *(Léa va ouvrir. Sophie l'arrête.)* Attends! *(Elle s'assoit en majesté à son bureau et éparpille ses dossiers devant elle.)* C'est bon, ouvre.

SCÈNE 2

Léa ouvre la porte. Victor entre.

SOPHIE. — Bonjour, monsieur l'ingénieur.

VICTOR. — Vous pouvez m'appeler Victor. *(À Léa :)* Et vous êtes…?

SOPHIE. — C'est ma fi… ma secrétaire, Léa.

VICTOR, *ébloui.* — Absolument enchanté, Léa.

Il la regarde fixement, Léa est visiblement très gênée.

SOPHIE. — Asseyez-vous, Victor. Nous n'avons que très peu de temps. *(Victor s'assoit, tout en continuant à regarder Léa.)* La réunion publique

13

commence dans dix minutes, il faut que j'aie toutes les informations. Léa, prenez des notes.

Léa, *prenant un stylo.* — Excusez-moi mais…

Sophie. — Léa, je vous prie de ne pas intervenir, nous sommes pressés. *(Léa se renfrogne et s'apprête à écrire. Victor la fixe toujours.)* Le terrain est donc constructible.

Victor. — Très constructible.

Sophie. — Ce sera prêt dans combien de temps ?

Victor. — Je dirais un mois puisque nous avons eu tous les agréments.

Sophie. — Parfait. Expliquez-moi comment ça fonctionne, mes administrés seront curieux. Léa, notez.

Léa. — Mais de quoi…

Sophie. — Allez-y, Victor. *(Victor ne répond pas, il regarde toujours Léa.)* Hou ! hou !

Victor. — Veuillez m'excuser. *(Il se tourne vers Sophie et essaie de se concentrer.)* Eh bien, les trois pales sont conçues pour réduire la traînée et maximiser la portance afin de permettre une rotation efficace.

Léa. — J'aimerais bien savoir de quoi on parle.

Sophie. — Contentez-vous de noter ! Continuez, Victor.

Victor. — Le mouvement de rotation est transmis au roton, lui-même connecté au générateur qui convertit le mouvement en énergie grâce à l'induction électromagnétique.

LÉA. — Électro… ?

VICTOR, *se tourne vers elle et lui dit d'un ton passionné.* — …Magnétique.

SOPHIE, *un peu perdue.* — C'est bon, j'en sais assez.

VICTOR. — Je ne vous ai pas parlé des aimants ni des bobines de cuivres.

SOPHIE. — Léa, notez !

VICTOR, *en regardant Léa.* — Aimants…

LÉA. — Et bobines de cuivre, c'est noté.

SOPHIE, *regardant sa montre.* — Merci, Victor.

VICTOR, *toujours à Léa.* — C'était un plaisir, Mme la maire.

Sophie prend les notes de Léa.

SOPHIE. — C'est illisible, ma pauvre fille.

LÉA. — Si j'avais su de quoi on parlait, aussi…

SCÈNE 3

Claude entre, essoufflé.

CLAUDE. — Pardon, m'dame la maire…

SOPHIE. — Ah ! voilà Claude ! *(À Victor, pompeusement, pendant que Claude reprend son souffle :)* Je vous présente Claude, notre inventif employé, superviseur de l'entretien des espaces verts et des bâtiments publics.

Léa. — Voilà. Il tond la pelouse et il fait le ménage.

Sophie. — Que vouliez-vous nous dire, Claude?

Claude, *haletant.* — J'ai couru… Pour vous t'nir au courant… Plus d'courant!

Sophie. — Où ça?

Claude, *plus fort.* — Dans la salle des fêtes!

Sophie. — Ah! ça, c'est ennuyeux.

Claude. — On n'y voit plus rien!

Victor. — Même avec la lumière du jour?

Claude. — Ça se voit que vous connaissez pas la salle des fêtes, vous.

Victor. — Je n'ai pas cet honneur, en effet.

Claude. — On a muré les fenêtres.

Victor. — Pourquoi?

Claude. — Quelqu'un a volé les volets.

Victor. — Vous avez muré les fenêtres parce que les volets ont été volés?

Sophie. — C'était malheureusement la seule solution.

Léa, *à Victor.* — Je vous rassure, je n'ai toujours pas compris non plus.

Sophie. — Toujours est-il que notre réunion ne peut plus se tenir dans la salle des fêtes.

Léa. — Nous n'avons qu'à la tenir ici, ma… dame la maire.

SOPHIE. — Nous n'aurons jamais la place! Trois cent vingt-cinq habitants, tout de même!

CLAUDE. — C'est pas grave, y a jamais personne qui vient à vos réunions.

SOPHIE. — Vous êtes bien là, vous!

CLAUDE. — Personne sauf moi, Valéry, Dominique…

SOPHIE. — Oh non! Pas Dominique!

CLAUDE. — Des fois Danny et la p'tite Clara. On rentrera tous ici.

LÉA. — Claude a raison, Mme la maire.

SOPHIE, *résignée.* — Bon… Allez les prévenir, Claude.

CLAUDE. — Y vaudrait mieux que vous v'niez avec moi. Dominique me croit jamais quand j'dis des trucs.

SOPHIE, *soupirant.* — C'est mon rôle de maire, après tout. *(À Léa, solennelle :)* Léa, je vous confie la mairie. Nous revenons au plus vite.

Elle sort avec Claude.

SCÈNE 4

Silence.

Victor fixe Léa qui lui jette, de temps à autre, des coups d'œil gênés.

LÉA ET VICTOR, *en même temps.* — Je…

LÉA. — Oui?

VICTOR. — Non, allez-y.

Léa. — Vous d'abord.

Victor. — Je voulais dire que… Il fait chaud, non ?

Léa. — Oui, le chauffage est toujours à fond ici. Mme la maire est très frileuse, ces derniers temps.

Nouveau silence.

Victor. — Elle est sympathique, votre maire.

Léa. — Ah ! vous avez deviné ?

Victor. — Quoi ?

Léa. — Que c'est ma mère.

Victor. — Euh… oui.

Léa. — Elle essaie d'être discrète là-dessus.

Victor. — Ah bon ?

Léa. — De toute façon, ça ne sert à rien, tout le monde est au courant.

Victor. — J'imagine, oui.

Nouveau silence

Léa. — Je n'ai pas bien compris de quoi vous parliez tout à l'heure.

Victor. — Quand ?

Léa. — Tout à l'heure, avec ma mère.

Victor. — Vous n'êtes pas au courant ?

Léa. — De quoi ?

Victor. — Des projets de votre maire.

Scène 5

Danny entre en trombe.

Danny. — Salut, la jeunesse !

Léa. — Bonjour, Danny.

Danny. — J'ai croisé ta mère avec Claude, ils m'ont dit que la réunion se ferait là.

Léa. — Pourquoi ils ne sont pas avec toi ?

Danny. — Ils attendent Dominique et la petite Clara.

Léa. — Tu sais si Valéry vient ?

Danny. — J'espère pas.

Victor. — Voulez-vous vous asseoir ?

Danny. — Je reste debout, c'est mieux pour les quadriceps.

Léa. — Comment ça avance, tes recherches sur les nouveaux oiseaux de la région ?

Danny. — Très bien, regarde ! *(Danny sort une plume de son sac.)* C'est un faisan de Colchide.

Léa, *à Victor.* — Danny a une vraie passion pour l'ornithologie.

Danny. — Je viens de passer deux jours sans bouffer ni dormir pour pas manquer les grues cendrées.

Victor. — C'est remarquable.

Léa. — Nous avons d'ailleurs une nouvelle volière dans la commune. Danny en prend le plus grand soin.

Victor. — C'est passionnant.

DANNY. — Et vous, vous êtes qui ?

VICTOR. — Victor, ingénieur.

Il lui tend la main.

DANNY, *ignorant sa main.* — Ah ! un ingénieur… *(À Léa :)* Qu'est-ce que tu fais avec un ingénieur ?

LÉA. — Rien du tout.

DANNY. — Méfie-toi, ma petite. Un ingénieur, ça invente n'importe quoi pour détraquer la nature.

SCÈNE 6

Valéry entre et serre la main de tout le monde de façon protocolaire.

VALÉRY. — Madame… Monsieur… Mes hommages…

LÉA. — Comment allez-vous, Valéry ?

VALÉRY. — Mal. La réunion publique était prévue à 14 h 30, il est 14 h 33 et nous n'avons pas commencé. De surcroît, le changement de lieu inopiné ne me dit rien qui vaille.

DANNY. — Et voilà ! Il commence déjà à emmerder le monde…

LÉA. — Il y a un problème à la salle des fêtes.

VALÉRY. — Je le sais. Si la municipalité n'avait pas pris la décision stupide de murer les fenêtres, nous y serions et la réunion aurait commencé à l'heure… Ah ! quelle chaleur épouvantable !

VICTOR. — Vous trouvez aussi ?

VALÉRY. — Toutes mes excuses, cher monsieur, je ne crois pas avoir eu la joie de vous être présenté.

VICTOR. — Victor, ingénieur.

VALÉRY. — Un ingénieur ? Voyez-vous cela ! C'est Mme la maire qui vous a fait venir ?

VICTOR. — Absolument, monsieur.

VALÉRY. — Mon Dieu, quelles excentricités nous réserve-t-elle encore ?

On entend frapper à la porte.

SCÈNE 7

LÉA. — Entrez.

Nouveaux coups à la porte.

LÉA. — Entrez.

On frappe encore.

VALÉRY. — Quel est donc ce phénomène ? Pourquoi n'entre-t-on pas ?

DANNY. — Ça doit être la petite Clara.

VALÉRY. — On lui a dit d'entrer !

Nouveaux coups.

LÉA. — Vous savez comment elle est.

VALÉRY. — C'est ridicule.

DANNY. — Il y a des gens sensibles, Valéry. Mais ça, vous ne pouvez pas comprendre.

VALÉRY. — Qu'est ce que cela veut dire ?

On frappe toujours.

DANNY. — Vous avez très bien compris.

VICTOR. — Quelqu'un pourrait prendre une initiative, peut-être ?

LÉA. — Vous avez raison. *(Elle va ouvrir.)* Entre, Clara.

Clara entre avec son carton à dessins.

CLARA. — Pardon… Merci…

LÉA. — Tu viens pour la réunion ?

Clara marmonne quelque chose d'inaudible.

VALÉRY, *avec agacement.* — Nous n'entendons rien !

Clara se fige, terrifiée.

LÉA. — Il a raison, Clara, on n'entend pas ce que tu dis.

CLARA. — Pardon… Sophie m'a dit que la réunion était ici.

LÉA. — Elle était avec Claude et Dominique ?

Clara marmonne de nouveau quelque chose d'inaudible.

VALÉRY. — Plus fort !

DANNY. — Arrêtez d'gueuler, vous la terrorisez !

CLARA. — Je ne sais pas !

LÉA. — Qu'est-ce que tu ne sais pas ?

CLARA. — Je ne sais pas si Sophie était avec Claude et Dominique… Pardon.

DANNY. — Eh ben, voilà! *(À Valéry :)* Ça servait à rien de s'exciter.

VALÉRY. — Nous ne sommes pas plus avancés.

Silence pesant.

VICTOR, *à Clara*. — Vous dessinez?

Clara ouvre sa pochette et présente quelques dessins à Victor.

LÉA. — Clara est notre artiste locale. Elle a énormément de talent.

DANNY, *à Valéry*. — Je vous interdis de faire la moindre réflexion!

VALÉRY. — Je n'ai rien dit.

DANNY. — J'anticipe.

Victor regarde un des dessins avec une certaine perplexité.

VICTOR. — Qu'est-ce que… ça représente?

CLARA. — C'est la… Pardon… *La Liberté face à l'angoisse.*

Victor semble encore plus perplexe. Valéry lui prend le dessin des mains.

VALÉRY. — Un rond dans un carré.

Il montre le dessin à tout le monde. C'est effectivement un rond dans un carré. Danny prend le dessin.

DANNY. — Eh ben, oui! Un rond dans un carré! *La Liberté face à l'angoisse*! Bravo, Clara, c'est magnifique!

CLARA. — Merci… Pardon…

Elle range son dessin dans la pochette.

LÉA. — Clara fait de l'art non-figuratif.

VICTOR. — C'est comme ça que ça s'appelle ?

LÉA. — Vous n'aimez pas ?

VICTOR. — Euh, si.

LÉA. — Moi, j'adore le non-figuratif.

VICTOR. — Ah ! ça tombe bien, j'en raffole aussi ! Je suis très non-figuratif ! C'est bien simple : quand on me présente du figuratif, je suis dégoûté ! Ce figuratif partout, vraiment, quelle horreur ! *(Il s'emporte.)* Donnez-nous du non-figuratif, bon sang ! Je veux du non-figuratif partout ! *(Silence.)*Enfin, c'est très… Très joli le non-figuratif.

SCÈNE 8

Sophie entre, suivie de Claude et de Dominique.

SOPHIE. — Ah ! vous êtes tous là !

Valéry regarde sa montre.

VALÉRY. — Quatorze heures quarante-cinq… De plus en plus ponctuelle, la municipalité.

SOPHIE. — Vous nous excuserez, Valéry, nous avons eu un contretemps.

DOMINIQUE. — Contretemps, contretemps… Une belle entourloupe, oui !

SOPHIE. — Qu'est-ce que vous racontez encore ?

DOMINIQUE. — On les connaît les magouilles ! D'abord réunion publique, après, plus de réunion publique, encore après, réunion publique autre part… Tout le monde est paumé et on finit par accepter n'importe quoi!

Sophie. — Arrêtez vos bêtises, la salle des fêtes est indisponible, on fait la réunion ici, c'est tout.

Dominique. — Ben tiens! Et pourquoi elle est indisponible, la salle des fêtes?

Claude. — Je t'ai déjà expliqué, Dominique, y a plus de courant.

Dominique. — On pouvait pas ouvrir les fenêtres?

Danny. — Dominique, tu sais bien que les fenêtres ont été murées.

Dominique. — Et qui a muré les fenêtres? La municipalité, comme par hasard! La même municipalité qui organise la réunion publique! Bravo! Le coup est bien monté, Mme la maire!

Sophie. — Vous délirez complètement.

Dominique. — Vous dites ça parce que je suis antivax?

Sophie. — Ça n'a rien à voir.

Dominique. — Mais bien sûr. *(À tous les autres :)* Vous êtes vraiment des moutons!

Léa. — On passe à la réunion, Mme la maire?

Sophie. — Bonne idée. *(Elle va s'asseoir à son bureau, non sans s'être inclinée devant le portrait présidentiel.)* Avant toute chose, chères toutes et chers tous…

Valéry, *l'interrompant.* — Nous est-il interdit de nous asseoir, Mme la maire?

Sophie. — Vous voyez bien qu'il n'y a pas assez de chaises.

Valéry. — C'est une honte!

DANNY. — On peut faire sans.

CLAUDE. — Ce s'rait quand même plus pratique.

DOMINIQUE. — La maire nous épuise pour mieux faire passer ses magouilles!

LÉA. — Je crois qu'il y a des chaises pliantes dans le débarras.

SOPHIE. — Eh bien, va les chercher!

VICTOR. — Laissez-moi vous aider, Léa.

Ils vont chercher les chaises. Désordre indescriptible pour les installer. Tout le monde finit par s'asseoir, sauf Danny.

SOPHIE. — C'est bon, je peux y aller? Danny, tu t'assois?

DANNY. — Je muscle mes quadriceps.

SOPHIE. — Si tu veux… On a assez perdu de temps comme ça.

VALÉRY. — À qui la faute, Mme la maire?

DOMINIQUE. — C'est vrai, ça, à qui la faute? On se le demande bien!

SOPHIE. — S'il vous plaît, un peu de tenue!

VALÉRY. — Nous en avons, de la tenue, Mme la maire. Sauf certains, bien entendu.

DANNY. — T'as un problème?

VALÉRY. — Qui vous dit que je vous visais?

Brouhaha, Sophie tape sur la table.

SOPHIE. — Eh oh! Ça va bien, maintenant! Laissez-moi parler!

VALÉRY. — Nous y voilà! Le despotisme dans toute sa splendeur!

SOPHIE. — Non mais vous n'êtes pas bien, vous ! Je vous rappelle que la mairie a aimablement installé une plaque à votre demande dans la grand-rue pour rendre hommage à votre ancêtre ! Niveau despotisme, on a vu pire !

VALÉRY. — L'apposition de cette plaque était tout à fait naturelle. Le devoir de mémoire…

LÉA, *l'interrompant.* — On peut en venir au sujet qui nous rassemble ?

SOPHIE. — Très bonne idée, je…

CLAUDE, *l'interrompant.* — On vous écoute, madame le maire.

SOPHIE. — Trop aimable. Si je vous ai réunis aujourd'hui c'est parce que j'ai une grande nouvelle à vous annoncer. Vous savez que la commune connaît une augmentation du coût de l'électricité. J'ai avec moi les dernières factures concernant l'éclairage public ainsi que des bâtiments appartenant à la municipalité.

DOMINIQUE. — C'est quoi, ça ?

CLAUDE. — C'est la mairie.

VALÉRY. — Et la salle des fêtes.

DOMINIQUE. — L'éclairage de la salle des fêtes, il nous coûte pas cher en ce moment.

SOPHIE. — Je vous fais passer les factures pour que vous vous rendiez compte.

> *Sophie fait circuler des documents. Désordre indescriptible. Exclamations de toutes parts.*

VALÉRY. — Et qui payera tout cela ?

DOMINIQUE. — Eh ouais ! Qui va payer tout ça ?

VALÉRY. — Nos impôts, comme d'habitude !

DOMINIQUE. — Eh ouais ! Comme d'habitude !

SOPHIE. — Heureusement, chères toutes et chers tous, j'ai trouvé une solution pour faire baisser considérablement la facture d'électricité de la commune dans les mois à venir.

DOMINIQUE. — Éteindre toutes les lumières ?

VALÉRY. — Baisser le chauffage ?

VICTOR. — Tiens, ce ne serait pas une mauvaise idée, ça.

SOPHIE. — Ce ne sont pas des solutions sur le long terme. Chères toutes et chers tous, l'idée que j'ai eue…

SCÈNE 9

Camille entre.

CAMILLE. — Pardon, messieurs-dames…

SOPHIE. — Vous êtes ?

CAMILLE. — Camille Surin, journaliste à la *Voix locale*.

SOPHIE. — Je suis navrée, je ne donne pas d'interview aujourd'hui. Merci, au revoir.

CAMILLE. — Je voulais juste vous poser quelques questions sur la nouvelle fontaine de la place du marché.

SOPHIE. — Ce sera plus tard, merci.

CAMILLE. — Nous pouvons fixer un rendez-vous ?

VALÉRY. — Cela suffit! Ne voyez-vous pas que nous sommes en pleine réunion publique?

DOMINIQUE. — Ces journalistes, tous les mêmes!

CAMILLE. — C'est une réunion publique?

CLAUDE. — Puisqu'on vous le dit!

CAMILLE, *à Sophie.* — Dans votre bureau?

CLAUDE. — Y a plus de courant dans la salle des fêtes!

CAMILLE. — C'est intéressant.

Camille prend une chaise et s'assoit.

SOPHIE. — Pardon mais la réunion publique est privée.

CAMILLE. — Ah bon?

SOPHIE. — Elle concerne les habitants de la commune.

CAMILLE. — Qui sont tous présents dans cette pièce?

VALÉRY. — Certainement pas!

DANNY. — Nous sommes trois cent vingt-cinq au dernier recensement.

DOMINIQUE. — Alors ça, ça m'étonnerait! J'en ai compté Trois cent dix-huit. Encore un enfumage! Bravo la mairie!

CAMILLE. — Trois cent dix-huit ou trois cent vingt-cinq, moins les sept présents, ils seront informés par la *Voix locale*.

Silence contrarié de Sophie. Camille sort un carnet de notes.

VALÉRY. — Pouvons-nous avancer, Mme la maire?

SOPHIE. — Certainement. Je disais donc qu'au vu de l'augmentation sans précédent de la facture d'électricité, il fallait trouver une solution rapide et durable. J'ai donc décidé…

CLAUDE. — … d'utiliser mon vélo !

Tout le monde se tourne vers lui.

SOPHIE. — Je te demande pardon, Claude ?

CLAUDE. — Merci, Mme la maire ! Enfin vous m'écoutez !

SOPHIE. — Claude…

CLAUDE, *à l'assemblée.* — C'est un système tout simple ! Il suffit d'un vélo d'appartement, d'un générateur électrique et hop ! plus d'problème !

Brouhaha.

DOMINIQUE. — Quinze ans que t'essaies de nous refourguer cette camelote…

VALÉRY. — Je ne vais tout de même pas pédaler pour faire fonctionner mon frigidaire !

DANNY. — Ce serait pas mal pour les quadriceps.

SOPHIE. — Claude, je connais ton invention, tu me l'as présentée vingt fois mais ce n'est pas la solution retenue.

CLAUDE. — Et pourquoi ?

SOPHIE. — Ton vélo ne suffira pas à alimenter toute la commune.

CLAUDE. — Il suffit qu'on achète plusieurs vélos et qu'on se relaie tous !

Valéry. — Ridicule.

Sophie. — J'ai dit non, Claude! La mairie t'a déjà acheté tes trois modèles de tondeuse révolutionnaire ce mois-ci, ça suffira!

Valéry. — Bravo, Mme la maire.

Sophie. — Merci, Valéry. L'idée que j'ai eue va vous enthousiasmer. Elle fera entrer la municipalité dans la modernité et nous serons à la pointe des énergies renouvelables. Chères toutes et chers tous, dans quelques semaines, la commune aura sur son territoire une éolienne.

Danny. — Une quoi?

Sophie. — Oui, chères toutes et chers tous, une éolienne.

Valéry. — Cette chose immonde?!

Danny. — Une broyeuse à oiseaux!

Dominique. — Une antenne d'espionnage gouvernemental!

Brouhaha.

Sophie. — Chères toutes et chers tous, je vous prie de garder votre calme!

Danny, *furieuse, désignant Victor du doigt.* — C'est pour ça qu'il est là, lui?

Sophie. — En effet, Victor est là pour nous sortir de cette crise.

Valéry. — Enlaidir notre village, oui!

Danny. — Assassiner nos animaux!

Dominique. — Nous réduire en esclavage!

Nouveau brouhaha.

LÉA. — C'est la seule solution que vous avez trouvée?

SOPHIE. — Oui, Léa, c'est la seule! La seule qui nous permette de diviser par dix notre facture d'électricité!

CAMILLE. — Par dix?

SOPHIE. — Tout à fait! Par dix!

CAMILLE. — Intéressant.

Camille écrit sur son carnet de notes.

LÉA. — Claude avait plein d'idées, pourtant.

CLAUDE. — Ah! ça oui, plein!

SOPHIE. — Je remercie Claude pour toutes ces idées… vraiment enrichissantes mais l'éolienne est la seule qui soit apparue viable. N'est-ce pas, monsieur l'ingénieur?

VICTOR. — Absolument, Mme la maire, et je dirais même…

VALÉRY. — C'est laid, une éolienne!

LÉA. — Et ça fait du bruit, non?

DANNY. — Et ça tue!

DOMINIQUE. — Et ça diffuse des saloperies!

Nouveau brouhaha.

SOPHIE. — D'abord, Léa, l'éolienne sera parfaitement silencieuse. N'est-ce pas, Victor?

Victor, *gêné*. — Pour être honnête, Léa a raison, les éoliennes font toujours un peu de bruit. Cependant, le niveau sonore…

Valéry. — Et voilà! En plus d'être hideuses, ces machines sont étourdissantes!

Danny. — Elles ont tout pour elles, ces horreurs!

Dominique. — Oh! mais ils savent très bien ce qu'ils font, ces salopards!

Victor. — Pour revenir à la remarque de madame concernant les oiseaux, nous mettrons en place des procédures de mitigation en équipant l'éolienne de radars qui…

Danny. — Des radars, maintenant! Ça vous suffit pas de déchiqueter les oiseaux, vous voulez nous envoyer des ondes pour nous bouffer le cerveau!

Victor. — Les radars sur les éoliennes ne sont pas dangereux, c'est un…

Dominique. — C'est ça, ouais! *(À Danny :)* Ça sert à rien de lui parler, il aura toujours réponse à tout!

Camille lève la main.

Sophie, *agressive*. — Oui, qu'est-ce qu'il y a?

Camille. — Camille Surin, la *Voix locale*. Certains résidents vivant à proximité d'éoliennes ont déjà signalé des problèmes de sommeil et des troubles de l'équilibre. Que répondez-vous à cela?

Victor. — Il faut savoir que la grande majorité des études scientifiques menées n'ont pas montré de liens directs…

Danny. — Ils veulent nous assassiner!

DOMINIQUE. — Exactement ! Ils nous assassineront jusqu'au dernier à grands coups d'éolienne dans la tronche !

Nouveau brouhaha.

SOPHIE. — Chères toutes et chers tous, je vous propose de passer aux détails techniques…

VALÉRY, *se lève.* — Il est hors de question de cautionner cette mascarade !

DANNY, *se lève.* — Je ne cautionne pas non plus !

DOMINIQUE, *se lève aussi.* — Et moi, je cautionne encore moins !

VALÉRY. — Défigurez le paysage si cela vous chante ; nous, nous partons !

Valéry, Danny et Dominique partent.

SOPHIE, *après un moment de silence.* — Nous pouvons peut-être reprendre où nous nous étions arrêtés…

VALÉRY, *passe une tête et hurle.* — MISÉRABLES !!!

Victor, Sophie, Léa et Claude sursautent. Clara s'évanouit et tombe de sa chaise. Valéry s'en va.

SCÈNE 10

LÉA, *essayant de ranimer Clara.* — Clara ! Clara ! Réveille-toi !

CLARA, *se réveillant.* — Pardon… Merci…

Elle se rassoit.

SOPHIE. — Je suis navrée, chères toutes et chers tous, de cet intermède. Il faut croire que certains dans cette commune n'aiment pas la démocratie. Mais ne vous inquiétez pas, la République sera assez forte pour résister à ces intimidations, et je m'engage à faire entendre votre voix pour que la construction de l'éolienne puisse être menée à son terme, en responsabilité. Avez-vous des questions ? *(Claude et Camille lèvent la main.)* Oui, Claude ?

CLAUDE. — C'est qui qui va payer ?

SOPHIE. — Je vous remercie, cher Claude, pour cette excellente question. Sachez que cette nouvelle éolienne ne coûtera pas un centime à la commune puisque le financement sera garanti par l'entreprise Énergie verte construction.

LÉA, *à Victor.* — Vous faites partie d'Énergie verte construction ?

VICTOR. — Non, pas du tout, je suis consultant extérieur.

LÉA. — Vous êtes ingénieur ou consultant ?

VICTOR. — Les deux. *(Il lui sourit niaisement.)* Vous verrez, je suis un homme plein de surprises.

LÉA, *froidement.* — Je n'en doute pas.

Camille lève la main.

SOPHIE, *méfiante.* — Oui ?

CAMILLE, *se lève.* — Camille Surin, la *Voix locale*. Quelle sera la part prise par l'Agence de l'environnement et de la maîtrise de l'énergie dans la construction de l'éolienne et surtout quelle part de fonds publics sera allouée à l'entreprise Énergie verte construction ?

SOPHIE, *après une hésitation.* — Je vous remercie pour votre question. Permettez-moi de vous répondre en adoptant une approche sans fard, sans détour et sans aucune ambiguïté. Soyez assurés que nous avons bien conscience que la question que vous soulevez avec beaucoup de pertinence et d'à-propos doit être traitée dans les délais les plus raisonnables. C'est les yeux dans les yeux que je vous dis que nous mettons tout en œuvre pour mobiliser les ressources nécessaires dans le respect d'une approche globale et cohérente pour déterminer les modalités les plus adaptées. Et je vous promets, à vous qui faites le métier si beau et si difficile de journaliste, dans ce journal ô combien important qu'est la *Voix locale*, je vous promets que nous veillons à ce que nos propositions soient alignées sur les impératifs d'une gestion responsable et équilibrée, en responsabilité. *(Camille lève de nouveau la main. Sophie fait semblant de ne pas la voir.)* Oui, Claude ?

CLAUDE. — J'ai rien dit.

SOPHIE. — Vous alliez poser une question.

CLAUDE. — Ah non !

SOPHIE. — Ah si !

CLAUDE. — Ah bon ?

SOPHIE. — Vous alliez me demander comment fonctionne une éolienne.

CLAUDE. — Ah ?

SOPHIE. — Vous n'avez pas envie de savoir, vous qui êtes si friand de technologies ?

CLAUDE. — Euh… si, si.

SOPHIE. — Eh bien, je vais vous expliquer… *(Elle cherche sur son bureau.)* Léa, où sont mes notes?

LÉA. — Ici, Mme la maire.

SOPHIE. — Ah oui! *(Elle essaie de déchiffrer.)* Les pales traînent l'importance de la relation efficace remise au raton du réfrigérateur qui convertit le crémant en allergie grâce à l'avion électromagnétique. Et aussi des aimants et des… babines…

LÉA. — Bobines.

SOPHIE. — Des bobines de cuivre. Voilà, j'espère que c'est clair. Merci, au revoir.

Elle range ses dossiers.

VICTOR. — Si je peux me permettre…

SOPHIE, *agacée.* — Oui, quoi?

VICTOR. — Je peux peut-être expliquer…

SOPHIE. — Allez-y, môssieur l'ingénieur, puisque vous savez tout mieux que tout le monde!

LÉA. — C'est son métier, ma… dame la maire.

SOPHIE. — C'est ça, c'est son métier! Et le mien, c'est de me faire engueuler parce que je trouve des solutions miraculeuses pour la commune! Et en plus je passe pour une incapable! *(À Léa :)* Si seulement tes notes étaient lisibles, aussi!

LÉA. — Je ne savais pas de quoi vous parliez quand je les ai prises.

SOPHIE. — Ça va être ma faute, maintenant! Vas-y, ne te gêne pas pour m'enfoncer! Déjà que Victor me prend pour une cruche…

VICTOR. — Je n'ai pas dit que vous étiez une…

SOPHIE. — Mais bien sûr! Allez-y! Expliquez-nous comment fonctionne l'éolienne! On vous écoute!

VICTOR, *à Claude.* — Il faut que vous imaginiez une éolienne comme une immense turbine placée en hauteur… Vous voyez ce que c'est, une turbine?

CLAUDE. — Ben oui j'en ai même construit une.

VICTOR. — Ah bon? Pour quoi faire?

CLAUDE. — Pour propulser un avion.

VICTOR. — Vous aviez un avion à propulser?

CLAUDE. — Non, malheureusement, j'avais juste la turbine.

VICTOR. — Je ne comprends pas bien…

LÉA. — Laissez tomber, Victor. Vous disiez qu'il fallait imaginer l'éolienne comme une turbine placée en hauteur.

VICTOR. — Oui, alors, les pales de l'éolienne agissent comme des ailes géantes qui captent l'énergie cinétique du vent. Le mouvement de rotation des pales est ensuite transféré à un générateur, à l'intérieur de l'éolienne. Cela fait tourner une partie appelée « rotor », à l'intérieur du générateur. Le rotor est entouré d'un ensemble d'aimants permanents qui créent un champ magnétique qui traverse une série de bobines de cuivre situées à proximité. Le mouvement du champ magnétique à travers les bobines induit un courant électrique acheminé vers le transformateur.

Silence.

SOPHIE. — C'est exactement ce que j'ai dit.

CLAUDE. — Ça ne marche que si les pales tournent ?

VICTOR. — Euh… oui.

CLAUDE. — Et si les pales patinent ?

VICTOR. — Il y aura une diminution de la production électrique. Mais nous effectuerons des travaux et ça ira mieux.

Camille lève la main.

SOPHIE. — Eh bien, je vous remercie pour cette explication. Je vous dis au revoir et à bientôt.

VICTOR. — Je crois qu'il reste une question…

SOPHIE. — Oui, mais on n'a plus le temps.

LÉA, *à Camille.* — Que vouliez-vous demander ?

CAMILLE, *se lève.* — Camille Surin, la *Voix locale*. Combien de kilowattheures peut produire cette éolienne ?

SOPHIE. — Mais qu'est-ce qu'on s'en fout !

VICTOR. — Si les conditions météorologiques sont favorables, l'estimation est d'environ quatre mille kilowattheures par jour.

CAMILLE, *à Sophie.* — Mme la maire, quel est le coût actuel d'un kilowattheure dans votre commune ?

SOPHIE. — On avait dit une question par personne !

LÉA. — Qui a dit ça ?

SOPHIE. — Clara, tu as une question ?

CLARA. — Non… Pardon… Merci…

SOPHIE. — La réunion est donc terminée. Merci à celles et ceux qui y ont participé et à bientôt.

CLAUDE. — J'avais encore une question, Mme la maire.

SOPHIE, *très agacée*. — Qu'est-ce qu'il y a encore ?

CLAUDE. — C'est prévu pour quand, cette éolienne ?

SOPHIE. — En deux semaines ce sera plié !

VICTOR. — Plutôt un mois, Mme la maire.

CAMILLE. — Intéressant…

Camille note.

SOPHIE. — Voilà, un mois. Maintenant c'est bon, vous pouvez partir. *(Claude s'en va, suivi de Clara.)* Pas toi, Clara. Reste un peu, j'ai quelque chose à te demander. *(Elle voit que Camille est toujours sur sa chaise, en train d'écrire.)* Vous, par contre, vous partez.

CAMILLE. — Une seconde, je vous prie.

Camille continue à noter.

SOPHIE. — Victor, Léa, Clara, vous me dégagez cette personne !

LÉA. — Mais enfin, on ne va pas…

SOPHIE, *hurle*. — EXÉCUTION !!!

Léa et Victor ne bougent pas. Clara, obéissante bien qu'effrayée, se dirige lentement, en tremblant, vers Camille.

CLARA, *à Camille qui écrit toujours*. — Pa…Pa… Pardon…

CAMILLE. — C'est bon, j'ai terminé. *(Camille se lève. Clara se fige.)* Nous nous reverrons bientôt, Mme la maire. Au revoir, messieurs-dames.

Camille sort.

SCÈNE 11

SOPHIE. — Eh ben, c'est pas trop tôt!

LÉA. — Mais enfin, pourquoi tu… vous lui en voulez comme ça?

SOPHIE. — Tu n'as pas remarqué son comportement? Toujours en train de chercher la petite bête, c'est insupportable!

LÉA. — Les journalistes font toujours comme ça. N'est-ce pas, Victor?

VICTOR. — Oui, oui, je crois que c'est comme ça qu'ils font…

SOPHIE. — Ne la ramenez pas, vous! Vous avez soûlé tout le monde avec vos explications interminables!

VICTOR. — Claude avait l'air intéressé…

SOPHIE. — C'est parce qu'il est poli!

LÉA. — Je peux vous parler, Mme la maire?

SOPHIE. — Qu'est-ce que tu veux encore?

Léa entraîne Sophie dans un coin de la scène.

LÉA, *assez bas.* — Qu'est-ce qui te prend d'agresser tout le monde?

SOPHIE, *même jeu.* — Voir des journalistes fouiner dans ma mairie, ça me stresse!

LÉA. — Essaie de te calmer. *(Elle désigne la photo du Président.)* Tu crois qu'il est content de te voir dans un état pareil?

SOPHIE, *se reprenant.* — Non. Évidemment que non. *(Plus fort en se dirigeant vers Victor.)* Cher Victor, je me suis un peu emportée. La République vous présente toutes ses excuses.

VICTOR. — Ce n'est rien, Mme la maire.

SOPHIE. — L'incident est donc clos et la réunion aussi. Victor, si nous allions voir le terrain de l'éolienne ?

VICTOR. — Si vous voulez, Mme la maire. Peut-être que Léa pourrait nous accompagner ? Elle pourrait nous aider à… à évaluer la constructibilité du terrain…

SOPHIE. — Vous m'avez dit qu'il était constructible.

VICTOR. — Oui, oui, bien sûr qu'il est constructible, mais il faudrait peut-être vérifier.

SOPHIE. — Pourquoi ce serait à Léa de vérifier ?

VICTOR, *se rapprochant de Léa.* — Parce que… Parce qu'elle est pleine d'esprit.

SOPHIE. — C'est utile, ça, pour vérifier le terrain d'une éolienne ?

VICTOR, *se rapprochant encore de Léa.* — C'est essentiel.

LÉA, *s'éloignant de Victor.* — Ma… dame la maire, vous vouliez demander quelque chose à Clara.

En entendant son nom, Clara sursaute.

SOPHIE. — Mais oui, où avais-je la tête ? *(À Clara :)* Clara, vous savez à quel point nous apprécions vos œuvres.

CLARA. — Pardon… Merci…

SOPHIE. — Que diriez-vous de mettre votre talent au service du bien commun ?

CLARA. — Je… Je ne sais pas… Pardon…

SOPHIE. — Certains esprits chagrins ne sont pas encore très enthousiastes vis-à-vis de notre future éolienne. Vous l'avez remarqué, n'est-ce pas?

CLARA. — Oui… Pardon…

SOPHIE. — Je voudrais changer leur regard grâce à vous. L'exposition que je vous avais demandée pour la nouvelle fontaine de la place du marché a été un franc succès. Je voudrais que vous fassiez la même chose avec l'éolienne.

CLARA. — Avec… Avec l'éolienne?

SOPHIE. — Mais oui! Ça devrait vous inspirer, ce grand machin qui tourne.

CLARA. — Oui… Je ferai ça… Merci…

SOPHIE. — C'est donc convenu! Vous allez nous faire une belle exposition, pour promouvoir l'éolienne, dans mon bureau.

CLARA. — L'éolienne? Dans votre bureau?

SOPHIE. — Quoi?

CLARA, *effrayée.* — Ça ne rentrera jamais…

SOPHIE. — Entendons-nous bien, Clara : ce ne sera pas l'éolienne qui sera dans mon bureau, ce sera votre exposition.

CLARA. — D'accord… Merci… Pardon…

Elle s'enfuit.

LÉA. — Elle sera payée combien, cette fois?

SOPHIE. — On va lui donner une belle visibilité.

LÉA. — Comme la dernière fois, donc.

SOPHIE. — Exactement, comme la dernière fois.

LÉA. — Et ça lui sert à quoi, la visibilité ?

SOPHIE. — Les artistes ont toujours besoin de visibilité.

LÉA. — Depuis le temps, tout le monde connaît Clara dans le village.

SOPHIE. — Eh bien, on la connaîtra encore mieux ! Allez, on a assez perdu de temps comme ça. Victor, accompagnez-moi sur le terrain de l'éolienne. Vous, Léa, je vous prierais de bien vouloir ranger les chaises. Mon bureau est un foutoir, je veux que tout soit nickel quand je reviens.

Elle sort, entraînant Victor qui lance un regard désespéré vers Léa.

SCÈNE 12

Léa plie les chaises en maugréant.

LÉA. — De la visibilité, de la visibilité… Elle fait encore bosser gratuitement cette pauvre Clara qui n'ose pas dire non… Et tout ça pour une éolienne ! Une éolienne, franchement…

Camille entre en catimini sans se faire voir de Léa, occupée à plier les dernières chaises.

CAMILLE. — Excusez-moi…

LÉA, *sursautant*. — Qu'est-ce que vous faites là ?

CAMILLE. — Camille Surin, journaliste à la *Voix locale*.

LÉA. — Oui, je sais.

CAMILLE. — Vous travaillez à la mairie ?

LÉA. — Non, je range les chaises parce que ça me fait plaisir.

CAMILLE. — Je peux vous poser quelques questions ?

LÉA, *soûlée par avance.* — Allez-y…

CAMILLE. — Mme la maire a bien expliqué que la commune souffrait d'une augmentation importante de la note d'électricité ?

LÉA. — Oui.

CAMILLE. — Et pourtant, Mme la maire a fait construire une fontaine nécessitant une pompe à fonctionnement électrique… Laquelle est actuellement en service vingt-quatre heures sur vingt-quatre, sept jours sur sept, n'est-ce pas ?

LÉA, *décontenancée.* — Je ne sais pas…

Camille note.

CAMILLE. — Deuxième point : j'ai remarqué en entrant dans ce bureau une chaleur excessive.

LÉA. — Oui, Mme la maire est très frileuse.

CAMILLE. — Depuis toujours ?

LÉA. — Je dirais depuis un mois.

CAMILLE. — Le chauffage de la mairie fonctionne au gaz ou à l'électricité ?

LÉA. — À l'électricité, je crois…

Camille note.

CAMILLE. — Dernier point : l'éolienne…

LÉA. — Je n'étais pas au courant avant la réunion.

CAMILLE, *notant.* — Un individu semblait intéressé par le fonctionnement technique de l'éolienne, pendant cette réunion…

LÉA. — Oui, c'était Claude, notre employé de mairie.

CAMILLE. — Vous pourrez me le présenter ? J'ai quelques questions à lui poser.

LÉA. — Oui, bien sûr. Je finis de ranger et j'arrive… Aidez-moi donc, ça ira plus vite. *(Camille passe les chaises à Léa qui les range dans le débarras.)* Mais qu'est-ce que c'est ?

Elle sort un volet du débarras.

CAMILLE. — On dirait un volet.

LÉA. — Mais oui, c'est un des volets volés !

CAMILLE. — Vous voulez dire un des volets de la salle des fêtes ?

LÉA. — Oui !

CAMILLE. — Chère Léa, je crains que votre maire ne cache quelques secrets…

LÉA. — Vous pensez à une escroquerie ?

CAMILLE. — C'est possible…

LÉA. — Oh là là ! Et moi qui ne la croyais bonne qu'à une chose…

CAMILLE. — Et à quoi ?

LÉA. — À brasser de l'air !

FIN DU PREMIER ACTE

Acte II

Quelques semaines plus tard dans le bureau, très légèrement réaménagé, de Sophie.

Scène 1

Léa aide Clara à installer une sculpture.

Léa. — Comme ça, c'est bon?

Clara. — Oui… Pardon… Merci…

Léa. — Tu sais que tu n'es pas toujours obligée de t'excuser?

Clara. — D'accord… Pardon…

Léa regarde attentivement la sculpture.

Léa. — C'est l'éolienne?

Clara. — Non… C'est… *La Joie du cœur.*

Léa. — *La Joie du cœur?*

Clara fait oui de la tête, Léa regarde encore plus attentivement.

Léa. — Tu t'es inspirée de l'éolienne, quand même?

CLARA. — Oui… Pardon… C'est pour ça que je l'ai appelée la… *La Joie du cœur…*

LÉA. — Ah! d'accord! Donc toi, tu aimes les éoliennes?

CLARA. — Oui… Pardon…

LÉA. — Tu ne trouves pas ça moche?

CLARA. — Non, pardon… Ça tourne… C'est beau…

LÉA. — D'accord… C'est marrant, au village, tout le monde trouve ça très moche.

CLARA, *en panique.* — Ah… Je sais pas…

LÉA. — Elle va faire du dégât, cette éolienne.

CLARA, *se décomposant.* — Ah… Ah bon?

LÉA. — Valéry a déjà porté douze plaintes contre la mairie, Danny a lancé neuf pétitions et Dominique doit en être à deux cent cinquante publications Facebook. Je ne les ai jamais vus aussi remontés, tous les trois.

CLARA. — Ils vont… Ils vont tout casser?

LÉA. — Tout, non. Deux trois trucs, peut-être.

CLARA. — Mon exposition? Ils vont casser mon exposition?

LÉA. — Mais non, ne t'inquiète pas, personne n'en veut à ton exposition.

CLARA. — Et… Et… Et Victor?

LÉA. — Quoi, Victor?

CLARA. — Il est en sécurité?

LÉA. — Oh! Ne t'inquiète pas pour lui. Il est un peu… gentil, mais il sait se débrouiller.

CLARA. — Tu… Tu es sûre?

LÉA. — Mais oui, j'en suis sûre. Qu'est-ce que tu as, d'un coup, avec Victor?

SCÈNE 2

Sophie entre.

SOPHIE. — Salut, vous deux! Alors, ça avance, cette exposition?

LÉA. — On a fini de l'installer.

SOPHIE. — Regardons un peu cette merveille! *(Elle examine la principale sculpture.)* Hum… oui… C'est une vision… particulière de l'éolienne.

CLARA. — C'est là… *La Joie du cœur.*

SOPHIE. — *La Joie du cœur?*

LÉA. — Tout à fait, Mme la maire, *La Joie du cœur.*

SOPHIE. — C'est bien. C'est bien, bien, bien, bien, bien… *(À Clara :)* Ça me fait penser à ce que tu avais fait pour l'inauguration de la fontaine de la place du marché… Comment il s'appelait, déjà, ce collage… Avec les plumes de canards…

CLARA. — *Le Tourbillon emportant l'esprit.*

SOPHIE. — Voilà, *Le Tourbillon emportant l'esprit.* On reste dans l'idée : on n'y comprend rien. Mais enfin c'est pas grave, n'est-ce pas, ma petite

Clara? Ce qui compte ce n'est pas qu'on comprenne, c'est que tu aies de la visibilité.

CLARA. — Oui… Merci… Pardon…

SOPHIE. — Victor m'a assuré que l'éolienne serait fonctionnelle dès aujourd'hui. Tenez-vous prêtes, les filles!

LÉA. — Tu… Vous n'avez pas peur de la réaction du village?

SOPHIE. — Mais non, tout le monde sera ravi!

LÉA. — Il n'y a pas beaucoup de ravis pour le moment…

SOPHIE. — Ne t'inquiète pas! Ils gueulent un peu, mais quand ils verront leur facture d'électricité divisée par dix, ils chanteront une autre chanson!

LÉA. — Si vous le dites…

SOPHIE. — Mais oui, je te le dis! Et je suis sûre que Clara est d'accord avec moi. Hein, Clara?

CLARA. — Oui… Merci… Pardon…

SOPHIE. — Tu vois? *(Elle se tourne vers le portrait du Président :)* La République peut être fière de moi.

LÉA. — Oh oui! Elle est sûrement très fière, la République.

SOPHIE. — Arrête avec ton petit ton sarcastique et aide-moi à préparer mon discours d'inauguration.

Elle s'assoit à son bureau.

LÉA. — Je crois que tu peux y aller, Clara.

CLARA. — Merci… Pardon…

SOPHIE. — Non, non, reste, Clara. Ton âme d'artiste pourra m'inspirer. Léa, prends des notes. Et lisibles, cette fois… *(Elle se concentre.)* Chères toutes et chers tous… *(À Clara :)* Tu penses que c'est bien, Clara, de commencer par « chères toutes et chers tous » ? C'est assez inspiré ?

CLARA. — Oui… Pardon…

SOPHIE. — Je suis heureuse de te l'entendre dire. Donc : chères toutes et chers tous… C'est avec une immense joie que je prends la parole aujourd'hui pour inaugurer cette remarquable exposition consacrée à la talentueuse artiste qu'est Clara. *(Elle s'interrompt :)* Qu'est Clara… C'est une belle formulation, « qu'est Clara » ?

LÉA. — On touche au sublime.

SOPHIE. — C'est pas à toi que je demande ! Clara, c'est bien « qu'est Clara » ?

CLARA. — Oui… Pardon… Merci…

SOPHIE. — Parfait. Donc : la talentueuse artiste qu'est Clara. Cependant, permettez-moi de vous emmener au-delà des frontières de cet espace artistique, pour un instant, vers une autre merveille qui définit notre époque : l'éolienne. *(Elle se lève et commence à s'agiter.)* L'éolienne, majestueuse et gracieuse, s'élève fièrement vers le ciel, dansant avec le vent pour produire une énergie renouvelable qui alimente nos vies. L'éolienne et l'art de Clara convergent dans leur capacité à éveiller nos sens, à susciter des émotions profondes et à nous transporter vers un état d'émerveillement. *(Sophie est de plus en plus grave et solennelle.)* Leur présence dans nos vies nous rappellent que nous sommes partie intégrante d'un vaste réseau interconnecté, où chaque élément contribue à l'équilibre et à la beauté du monde qui nous entoure. Puissions-nous être inspirés par l'éolienne et l'œuvre de Clara pour rechercher ensemble un avenir plus respectueux et responsable. Vive la République et vive la France! *(Elle finit son discours les bras en croix. Clara applaudit timidement.)* C'est bien, non?

CLARA. — Oui… Merci… Pardon…

SOPHIE, *à Léa.* — Et toi, tu en penses quoi?

LÉA, *d'un ton fatigué.* — C'est for-mi-dable.

SOPHIE. — Bien sûr que c'est formidable! Tu ne te rends pas compte! Notre commune entre enfin dans la modernité! L'éolienne sera le phare de notre développement! Toute la région aura les yeux rivés sur nous!

LÉA. — D'ailleurs, je ne vous l'ai pas demandé mais… pourquoi vous n'avez fait construire qu'une seule éolienne?

SOPHIE. — C'est bien suffisant pour la commune.

LÉA. — Le conseil régional a accepté de ne financer qu'une seule éolienne?

SOPHIE. — Pourquoi tu demandes ça? T'es de la police, c'est ça? Hahahaha! *(Elle se force à rire.)* Bon, trêve de plaisanterie, il est temps de…

SCÈNE 3

Victor entre, essoufflé.

VICTOR. — Mme la maire…

SOPHIE. — Qu'avez-vous, Victor?

Victor, *toujours essoufflé, à la limite de la crise d'asthme.* — C'est… C'est rien…

Sophie. — Léa, allez lui chercher un verre d'eau.

Léa prend un verre d'eau sur le bureau de Sophie, Clara le lui prend des mains et le tend à Victor. Victor boit.

Victor. — Merci… Comment vous appelez-vous, déjà ?

Clara. — Clara… Pardon…

Victor. — Merci, Clara. *(Il lui rend le verre vide. Clara le reprend, reste figée, serre le verre contre elle. Sophie et Léa la regardent, interloquées. Victor finit de reprendre son souffle.)* Pardon, Mme la maire. Pardon, Léa… J'ai couru.

Léa. — On avait deviné.

Sophie. — Et pourquoi avez-vous couru, cher Victor ?

Victor. — C'est terrible, Mme la maire… L'éolienne…

Sophie. — Quoi, l'éolienne ?

Victor. — Elle a été sabotée !

Sophie. — Sabotée ?!

Léa. — Ça devait arriver.

Sophie. — Comment c'est possible ?

Victor. — Il y a deux hypothèses. Soit les câbles d'alimentation ont été soumis à une série de manipulations complexes générant une altération délibérée des circuits intégrés, suivie d'une interférence avec les résonateurs piézoélectriques, ce qui induit qu'un flux magnétique a été perturbé grâce à un alignement précis de nanoparticules magnétiques…

SOPHIE. — Et la deuxième hypothèse?

VICTOR. — Les câbles ont été coupés.

SOPHIE. — On va partir sur la deuxième hypothèse.

VICTOR. — Ça paraît quand même un peu plus compliqué… Le mieux, ce serait que vous veniez voir.

SOPHIE, *résignée.* — Allons-y… Puisqu'il faut tout faire soi-même, ici…

Elle se dirige vers la porte.

VICTOR. — Vous nous accompagnez, Léa?

LÉA. — Non merci.

VICTOR. — C'est pourtant un sabotage très intéressant.

LÉA. — Je n'en doute pas.

VICTOR. — J'adorerais qu'on découvre ensemble… comment ça a été saboté.

LÉA. — Plus tard.

VICTOR. — Ce sera trop tard.

LÉA. — Vous me raconterez.

SOPHIE. — Bon, on ne va pas y passer la nuit!

VICTOR. — Vous êtes sûre, Léa?

SOPHIE. — Puisqu'elle vous dit qu'elle n'en a rien à faire, du sabotage! Elle n'en a rien à faire de rien! Elle bosse pour un génie visionnaire et ça lui passe au-dessus! Allez, Victor, on y va.

Sophie part. Victor la suit, dépité.

CLARA. — Au revoir, Victor !

VICTOR. — Oui, au revoir, Carla.

Il sort.

SCÈNE 4

LÉA. — Il est fatigant au bout d'un moment.

CLARA. — Il... Il est magnifique.

LÉA. — Pardon ?

CLARA. — C'est... C'est le plus beau... Pardon...

LÉA. — Victor ? *(Clara fait oui de la tête.)* Il est vraiment quelconque.

CLARA. — Non... Je... Pardon... Tu ne peux pas dire ça... *(Elle inspire un grand coup.)* Depuis que mes yeux ont croisé ceux de Victor, mon être tout entier s'est embrasé d'une passion ardente et dévorante. Chaque battement de mon cœur ne fait que résonner son nom. Chaque souffle que je prends est empli de son essence. Victor est une étoile scintillante qui éclaire mon univers de mille feux. Chaque pensée, chaque rêve sont un hymne dédié à mon amour secret !

LÉA. — Ah oui ! Quand même...

CLARA. — Pardon... Merci...

LÉA. — Je ne t'ai jamais vue dans un état pareil.

CLARA. — C'est parce que je… je n'ai jamais été aussi amoureuse… Pardon… Merci…

LÉA. — Et dire qu'il me court après depuis un mois…

CLARA, *désespérée.* — Oui, je sais.

LÉA. — Je te rassure, il ne m'intéresse pas du tout.

CLARA. — Ah bon?

LÉA. — Il est mou.

CLARA. — Ah?

LÉA. — Maladroit.

CLARA. — Ah?

LÉA. — Sans caractère.

CLARA. — Ah?

LÉA. — Prétentieux.

CLARA. — Ah?

LÉA. — Imbitable.

CLARA. — Ah?

LÉA. — Lourd.

CLARA. — Ah?

LÉA. — Sans imagination.

CLARA. — Ah?

LÉA. — Sans humour.

CLARA. — Ah?

LÉA. — Bref, il n'a aucun intérêt.

CLARA. — Tu… Tu dis ça pour me faire plaisir.

LÉA. — Mais non, je t'assure, Victor est le type le plus fade que j'aie jamais rencontré.

CLARA, *rassurée.* — Oh! merci, Léa!

Elle lui saute au cou.

LÉA. — Il faudra régler ça quand il sera revenu… Là, il doit être en train d'expliquer des trucs hyper compliqués à ma mère… ça me fatigue rien que d'y penser.

CLARA. — Il explique tellement bien…

LÉA. — Ah oui… tu es vraiment très amoureuse, toi. Enfin, ma mère ne va rien comprendre, comme d'hab, mais elle fera semblant d'avoir tout pigé. Quelle escroc, celle-là…

SCÈNE 5

Danny, Dominique et Valéry débarquent avec une banderole « NON À L'ÉOLIENNE ». Dominique a un sac à dos qu'il pose par terre.

DANNY, DOMINIQUE ET VALÉRY, *scandant.* — Sophie, démission! Sophie! Démission! Sophie, Démission!

DANNY. — Y en a marre!

VALÉRY. — Oui, c'en est assez!

DOMINIQUE. — Qu'ils dégagent, ces pourris!

DANNY, DOMINIQUE ET VALÉRY. — Tous ensemble, tous ensemble, ouais! Ouais! Tous ensemble, tous ensemble, ouais! Ouais!

DANNY ET DOMINIQUE, *chantant*. — Mme la maire,

Si tu savais…

Ton éolienne! Ton éolienne!

Mme la maire,

Si tu savais…

Ton éolienne où on s'la met !

Aucu! Aucu!

Aucune hésitation!

Non, non, non!

Aux idées à la con!

VALÉRY, *dépliant un papier.* — Villageois, villageoises, si nous sommes devant vous, dans cette mairie, c'est que nous n'avons pas d'autre choix. Mme la maire refuse d'écouter la voix du peuple et s'entête dans ses projets abominables!

> *Danny et Dominique huent.*

DOMINIQUE. — C'est dégueulasse!

VALÉRY. — Villageois, villageoises, j'ai fait un rêve. Un rêve que je partage, j'en suis certain, avec beaucoup d'entre vous. C'est un rêve qui transcende les limites de notre village, qui embrasse l'essence même de notre existence et qui résonne au-delà des collines et des vallées. Je rêve d'un village où nos horizons ne sont pas dominés par les pales d'une éolienne, mais par la beauté intacte de notre paysage naturel.

DANNY. — Bravo!

VALÉRY. — Aujourd'hui, je vous appelle à vous unir, à vous lever contre cette injustice qui se dresse devant nous. Nous ne sommes pas des marionnettes manipulées par les intérêts économiques, mais des êtres humains avec une voix, des droits et des aspirations légitimes.

DOMINIQUE. — Exactement!

VALÉRY. — Alors, je vous exhorte à rester unis, à faire entendre votre voix, à vous battre pour ce en quoi vous croyez. Ne laissez pas la peur ou l'apathie étouffer votre détermination. C'est dans les moments les plus sombres que la lumière brille le plus intensément. Le temps du silence est révolu, mes amies et amis. Faisons résonner nos voix, faisons trembler les fondations de l'injustice, et prenons notre destin en main. Nous sommes les gardiens de notre village, et nous ne reculerons pas!

DANNY ET DOMINIQUE, *applaudissant.* — Ouais! Bravo!

DANNY, DOMINIQUE ET VALÉRY, *scandant.* — Non à l'éolienne! Non à l'éolienne! Non à l'éolienne!

DANNY, *sortant une liasse.* — Signez la pétition! La pétition! *(Il donne une feuille et un stylo à Dominique.)* Tiens, fais signer les gens! *(Il donne une autre feuille et un autre stylo à Valéry.)* Toi aussi, tiens! *(Les trois descendent dans le public pour faire signer.)* Une signature, madame? C'est pour les oiseaux!

DOMINIQUE. — Signez contre l'éolienne!

VALÉRY. — Pour préserver la beauté de nos paysages!

DOMINIQUE. — Monsieur, signez contre les complots du gouvernement! Les éoliennes sont des antennes 5G, renseignez-vous!

VALÉRY. — Madame, une signature, je vous prie!

DANNY. — Pour la biodiversité!

Les acteurs incarnant Danny, Valéry et Dominique peuvent ensuite improviser, s'ils le souhaitent. Dominique remonte sur scène.

Dominique, *à Léa*. — Tiens, Léa, signe !

Léa, *déchiffrant la pétition*. — Pétition contre les vaccins du nouvel ordre mondial.

Dominique. — Ah ! merde ! C'est pas la bonne ! *(À Danny :)* Danny, on s'est planté de pétition !

Valéry, *remontant sur scène*. — Moi j'ai la bonne ! *(À Clara, lui tendant son stylo :)* Mademoiselle, veuillez signer !

Clara, *reculant, effrayée*. — Non... Pardon... Merci...

Valéry. — Vous refusez de signer ?

Clara. — Oui... Non... Pardon...

Valéry. — Danny ! Votre saltimbanque refuse de signer la pétition !

Danny, *remontant à son tour sur scène*. — C'est vrai, ça, Clara ?

Clara. — Oui... Pardon...

Danny. — Mais faut que tu signes, Clara !

Léa. — Laisse-la tranquille, Danny. Clara ne signera pas la pétition.

Danny. — Et pourquoi ça ?

Léa. — Clara soutient la construction de l'éolienne. N'est-ce pas, Clara ?

Clara fait oui de la tête.

Danny. — Mais enfin, ce n'est pas possible, Clara ! Et les oiseaux ? Tu y as pensé, aux oiseaux ? Allez, signe !

Léa. — Danny, tu vois cette sculpture ?

Danny. — C'est Clara qui l'a faite ? *(Clara fait oui de nouveau oui de la tête.)* C'est magnifique, ma petite Clara. Maintenant, signe.

LÉA. — C'est pour fêter la construction de l'éolienne.

DANNY. — Quoi ?!

VALÉRY. — Traîtresse !

DANNY. — Mais qu'est-ce que tu lui trouves à cette éolienne ?

CLARA. — C'est… C'est… C'est beau… Pardon…

VALÉRY. — Ah ! bravo l'artiste ! *(Il applaudit.)* Un sens esthétique exceptionnel !

LÉA. — Arrêtez un peu, elle a le droit de trouver ça beau !

DOMINIQUE. — Mais ouais, bien sûr ! Elle a le droit ! Nous aussi on a des droits et on va pas se laisser faire ! *(Il tend son téléphone à Valéry.)* Tiens, filme-moi, toi !

VALÉRY, *prenant le téléphone.* — Vous filmer ?

DOMINIQUE. — Ouais, j'suis en live sur Facebook. *(Il se place à côté de la sculpture de Clara, Valéry le filme.)* Salut, les gens, j'espère que vous allez bien ! Spéciale dédicace à Carine, Jojo et Bernard qui m'suivent depuis le début ! J'ai eu une idée pour protester contre cette éolienne qui veut s'implanter, ici. Clara, cette artiste qui soutient ça, elle a fait une sculpture dans la mairie. Et, je vous l'dis, je vais lui montrer notre colère ! C'est notre moyen de dire non à cette éolienne qui va tout gâcher ! Vous comprenez, les gens ? On fait du bruit, on montre qu'on n'est pas d'accord avec le système qui veut nous imposer des trucs qu'on veut pas ! *(À Danny :)* Danny, passe-moi la boîte de soupe, dans le sac à dos !

DANNY. — La soupe ? Pour quoi faire ?

DOMINIQUE. — Pose pas de questions et passe-la-moi ! *(Danny fouille dans le sac et sort une boîte de soupe qu'elle tend à Dominique, lequel se fait toujours* *filmer.)* On va pas rester les bras croisés, on va continuer à se battre contre Big Pharma et contre le gouvernement. *(Il ouvre la boîte de soupe.)* On est ensemble et on va faire reculer cette éolienne !

Il balance la soupe sur la sculpture de Clara.

LÉA. — Non, mais ça va pas ?!

CLARA, *au bord des larmes.* — Ma… Ma… Ma sculpture !

VALÉRY. — De quoi vous plaignez-vous ? Nous l'avons bien arrangée, votre affaire !

LÉA, *à Danny.* — Dis quelque chose, toi !

DANNY, *gênée.* — Dominique, il faut pas…

DOMINIQUE, *toujours filmé par Valéry.* — Alors, vous avez vu, les gens ? Pas mal, hein ! Vous croyez que j'ai juste sali la sculpture d'éolienne, mais c'est tout le système qui a reçu de la soupe à la courgette ! J'vois que vous êtes contents ! Merci pour vos smileys qui rigolent et vos pouces en l'air ! Allez, deuxième couche !

Il s'apprête à jeter de nouveau de la soupe sur la sculpture.

DANNY, *s'interposant entre Dominique et la sculpture.* — Dominique, arrête !

DOMINIQUE. — Pousse-toi, Danny !

Dominique lance la soupe, Danny la reçoit.

Scène 6

Claude entre avec un sac à dos.

Claude. — Bonjour, m'dame la maire… *(Il s'arrête, contemple le spectacle de Clara sanglotant, Léa la consolant, Valéry filmant Dominique et Danny dégoulinante de soupe.)* Vous faites quoi ?

Dominique. — On se bat pour un avenir meilleur !

Danny. — Ça s'voit pas ?!

Valéry, *s'approchant de Danny avec le téléphone de Dominique.* — Ne bougez pas, Danny, je tente d'immortaliser votre plus beau profil…

Dominique, *à Valéry.* — Rends-moi ça, toi ! *(Il reprend le téléphone et se filme lui-même.)* Bon ben, les abonnés, merci d'avoir suivi ce live ! J'espère que ça vous a plu, à la prochaine ! On les aura !

Il coupe le live et remet son téléphone dans sa poche.

Claude. — Vous faites un spectacle, c'est ça ?

Valéry. — En quelque sorte, oui.

Danny. — On se bat pour les oiseaux et la biodiversité !

Claude. — Ah ouais ! D'accord. Et pourquoi elle pleure, la p'tite Clara ?

Léa. — Ces abrutis ont salopé sa sculpture !

Valéry, *examinant l'œuvre avec une moue dubitative.* — Sculpture, sculpture… Ce n'est pas du Rodin non plus, cette installation…

Dominique. — Et pis ça s'lave, c'est que d'la soupe à la courgette !

Clara sort en pleurant, laissant là son écharpe.

Léa. — Attends, Clara! *(Elle la suit. Avant de sortir, elle se tourne vers le groupe.)* Vous êtes vraiment des imbéciles!

Elle sort.

Scène 7

Dominique. — Imbécile toi-même!

Claude. — Vous avez balancé d'la soupe à la courgette pour sauver les oiseaux et la biodiversité?

Valéry. — Exactement!

Claude. — Sur une sculpture?

Dominique. — Eh ouais, mon pote, c'est comme ça que ça marche!

Claude, *à Danny.* — Et toi, c'est aussi pour sauver les oiseaux qu'on t'a balancé de la soupe?

Danny. — Nan, ça, c'était un désaccord militant!

Claude. — Compliqués, vos machins… Bon, elle est où, m'dame la maire?

Valéry. — Mme la maire est de toute évidence en déplacement.

Claude. — Elle en a pour longtemps?

Danny. — On sait pas!

Claude. — C'est que j'ai un truc à lui montrer, moi!

DOMINIQUE. — Et c'est quoi?

CLAUDE. — Une invention à moi!

DANNY. — Ça m'aurait étonné, tiens!

VALÉRY. — Encore obsédé par ses trouvailles farfelues pendant que le village court un danger de mort! Joli sens des priorités, mon cher!

CLAUDE. — C'est pour aider!

DOMINIQUE. — Pour aider qui? Les empaffés qui nous gouvernent? Me fais pas rigoler!

CLAUDE. — J'vous jure, ça va être très utile! *(Il sort un appareil de son sac.)* Regardez!

Tout le monde regarde avec circonspection.

VALÉRY. — C'est encore une soi-disant œuvre d'art incompréhensible comme cette chose?

Il montre la sculpture de Clara.

CLAUDE. — Mais non, ça, ça sert vraiment!

DOMINIQUE, *à Claude.* — Bon, dis-nous ce que c'est, ton machin!

CLAUDE. — Vous devinez pas?

DANNY. — C'est un autocuiseur?

CLAUDE. — Non.

VALÉRY. — Un talkie-walkie?

CLAUDE. — Non.

DOMINIQUE. — Donne-nous un indice!

CLAUDE. — Ça fera baisser nos factures.

VALÉRY. — Foutaises! Rien ne fera jamais baisser nos factures. Notre ruine est assurée, il faut l'accepter.

CLAUDE. — Eh ben, moi, j'vous dis que si! On peut faire baisser les factures! Grâce à mon appareil, on pourra savoir à l'avance la force du vent!

DANNY. — Quel rapport avec les factures?

CLAUDE. — Réfléchissez! Si on anticipe le vent, on pourra optimiser l'éolienne! L'électricité s'ra encore moins chère!

Stupeur.

VALÉRY. — Attendez un instant... Cela signifie que non content de cautionner l'éolienne, vous souhaitez la parachever?

CLAUDE. — Eh ben, oui!

DANNY. — Mais t'es complètement abruti!

DOMINIQUE. — Complice du système!

VALÉRY. — Exactement! Vous êtes un suppôt de l'ennemi!

CLAUDE. — Eh oh! Faut pas exagérer, hein!

DANNY. — On n'exagère pas!

VALÉRY. — Cautionner l'éolienne! Quelle infamie!

CLAUDE. — Mais enfin, calmez-vous! Elle est très bien, cette éolienne!

DOMINIQUE. — Ah! ils t'ont bien retourné le cerveau, ces salopards! Remarque, c'est pas la première fois!

CLAUDE. — Tu parles de quoi ?

DOMINIQUE. — T'as très bien compris !

CLAUDE. — Tu vas t'calmer, hein !

DOMINIQUE. — C'est toi qui vas te calmer ! *(Il lui balance le reste de la soupe à la figure.)*

SCÈNE 8

Camille entre.

CAMILLE. — Bonjour. Camille Surin…

DANNY. — Ouais, la *Voix locale*, on vous connaît !

VALÉRY. — Et nous ne vous remercions pas !

DOMINIQUE. — Tous pourris, les journalistes !

CAMILLE. — Pardon, mais quel est le problème ?

VALÉRY. — Nous avons fait parvenir une lettre ouverte à votre journal.

DANNY. — Vous l'avez jamais publiée !

DOMINIQUE. — Jamais !

CAMILLE. — Je vois à quoi vous faites allusion. Nous avons bien reçu une lettre à la rédaction pour dénoncer la construction d'une éolienne sur le terrain de votre commune.

DANNY. — Et vous l'avez jetée à la poubelle !

DOMINIQUE. — Comme par hasard !

CAMILLE. — Je me souviens parfaitement de cette lettre ouverte qui a beaucoup fait parler d'elle dans notre rédaction…

DANNY. — Et pourquoi vous l'avez pas publiée, alors ?!

DOMINIQUE. — On dérangeait, évidemment !

CAMILLE. — Quelques passages de votre lettre pouvaient effectivement poser question…

DOMINIQUE. — Ah ! vous voyez !

CAMILLE. — Notamment quand vous écriviez que l'éolienne fait partie d'un plan de génocide de l'humanité orchestré par le gouvernement américain…

DOMINIQUE. — C'est pas vrai, peut-être ?

VALÉRY. — Je vous avais dit que ce passage était discutable, Dominique…

DANNY. — On l'avait même fait retirer…

DOMINIQUE. — Eh ben, j'l'ai rajouté ! Les gens doivent savoir !

DANNY. — Résultat : on n'a pas été publiés !

VALÉRY. — Merci, Dominique ! Toutes nos félicitations !

CLAUDE. — Bien fait ! À force d'raconter des conneries, on s'tire une balle dans l'pied ! Vous irez pas contre le progrès !

DANNY. — Oh ! toi, ferme-la !

DOMINIQUE. — Ouais, ferme-la, le mouton!

VALÉRY, *à Camille*. — Sachez que nous sommes tout à fait disposés à faire parvenir à nouveau cette lettre, en retranchant les passages les moins pertinents…

DOMINIQUE. — Ça va pas, non?

DANNY. — Ce sont les oiseaux qui comptent, Dominique!

VALÉRY. — Et la beauté de nos paysages!

DOMINIQUE. — Vous préférez sauver deux piafs et trois brins d'herbe plutôt que dénoncer un génocide des Amerloques et de Big Pharma? C'est n'importe quoi!

VALÉRY. — Nous en avons déjà parlé, Dominique!

CLAUDE. — Mais laissez-le dans ses délires!

DANNY. — On t'a pas sonné, collabo!

CLAUDE. — Eh oh!

DOMINIQUE. — Parfaitement! Collabo!

VALÉRY, *à Camille*. — Je vous assure que nous pouvons fournir une nouvelle copie pour une rapide publication dans la *Voix locale*…

CAMILLE. — Je vous comprends, mais les propos complotistes n'étaient pas le seul problème de votre tribune.

DANNY. — Comment ça?

CAMILLE. — Mon rédacteur en chef a considéré que certains de vos propos relevaient de la diffamation envers Mme la maire…

DOMINIQUE. — Et voilà ! Comme par hasard !

VALÉRY. — Tout est vérifié ! Mme la maire doit démissionner !

CAMILLE. — Écoutez, ce n'est pas le rôle de la *Voix locale*…

DOMINIQUE. — Et c'est quoi, le rôle de la *Voix locale*, hein ? Nous enfumer pour nous vendre des vaccins qui vont nous tuer et nous transformer en monstres, c'est ça ?!

DANNY. — C'est pas le sujet, Dominique !

DOMINIQUE. — Bien sûr que si, c'est le sujet !

CLAUDE. — Vous racontez vraiment n'importe quoi ! *(À Camille :)* L'éolienne est une bénédiction pour le village ! Écrivez-le dans votre canard !

DANNY. — Ça va pas la tête ?!

DOMINIQUE. — Espèce de timbré !

CLAUDE. — Toi qui m'traites de timbré ? Vraiment j'me marre !

VALÉRY, *à Camille.* — Je vous en prie, n'écrivez pas ce que vous dit cette sinistre personne, l'éolienne est très dommageable pour la commune.

CAMILLE. — Oh ! ne vous inquiétez pas, je ne comptais pas en faire l'éloge.

CLAUDE. — Et pourquoi ça ?

CAMILLE. — Je suis sur le point de finir mon enquête. Ce que j'ai découvert n'est pas très reluisant pour votre maire…

VALÉRY. — Dites-nous-en plus !

CAMILLE. — Vous le saurez en lisant la *Voix locale*, demain matin. Mais, en attendant, j'ai besoin d'éclaircir un dernier point…

SCÈNE 9

Sophie entre avec Victor.

SOPHIE, *voyant Camille.* — Encore vous !

CAMILLE. — Bonjour, Mme la maire.

VICTOR, *à Claude.* — Léa n'est pas là ?

CLAUDE. — Nan, elle est partie.

VICTOR, *défait.* — Partie, partie ?

CLAUDE. — Partie, pas vraiment partie.

SOPHIE, *prenant Camille à partie.* — Voilà comme sont les journalistes ! Au moindre pépin, ils se jettent sur vous comme des vautours !

CAMILLE. — Vous avez un pépin, Mme la maire ?

SOPHIE. — Vous devez le savoir, vous êtes toujours au courant de tout à la *Voix locale* !

CAMILLE. — Pas cette fois-ci.

SOPHIE. — Eh bien, vous pouvez dire à vos lecteurs que l'éolienne a des ennuis de fonctionnement !

Valéry. — Oh! quelle joie!

Danny. — Yes!

Dominique. — Enfin une bonne nouvelle!

Claude. — Mais c'est pas possible! Elle va jamais marcher!

Sophie. — Si, si… Dans trois jours ce sera bon. N'est-ce pas, Victor?

Victor. — Plutôt une semaine, Mme la maire.

Sophie. — Oui, bon, arrêtez de faire votre rabat-joie!

Valéry. — Oh! quelle tristesse!

Danny. — Oh non…

Dominique. — Encore une sale nouvelle!

Valéry, *bas, à Danny.* — Vous êtes d'une incompétence crasse…

Danny, *même jeu.* — J'aurais bien aimé vous y voir, tout en haut de ce grand machin!

Camille. — Mme la maire, est-ce l'entreprise Énergie verte construction qui vous a notifié le nouveau délai de mise en marche de l'éolienne?

Sophie. — Non, c'est Victor! Maintenant cessez avec vos questions intrusives!

Camille. — Quand le conseil régional sera mis au courant de ce nouveau délai entraînant possiblement une hausse des coûts?

Sophie. — Ça suffit, maintenant! Arrêtez de poser des questions et barrez-vous! Je dois parler avec mes administrés.

Camille. — Pourquoi sont-ils ici, d'ailleurs?

Valéry. — Nous sommes ici pour manifester…

SOPHIE. — Manifester leur joie pour l'inauguration de l'exposition de Clara, notre artiste locale.

CAMILLE. — L'exposition n'a pas eu lieu dans la salle des fêtes ?

DANNY. — La salle des fêtes est fermée.

CAMILLE. — Encore une coupure de courant ?

CLAUDE. — Nan, on l'utilise plus pour faire des économies d'électricité.

CAMILLE, *prenant son carnet.* — J'en déduis que les fenêtres sont toujours murées ?

SOPHIE. — Arrêtez de déduire, c'est malpoli !

DOMINIQUE. — Ouais, toujours murées.

CAMILLE. — Et de quand date cette décision des économies d'électricité ?

CLAUDE. — Oh ! je sais pas… Une semaine à peine.

VALÉRY. — C'était lundi dernier.

CAMILLE. — Intéressant. *(Elle note.)* Je remarque aussi que votre bureau est beaucoup moins chauffé, Mme la maire.

SOPHIE. — Eh ben, mettez un pull et arrêtez de nous les briser ! *(Camille note.)* Bon, puisque vous êtes tous là pour l'exposition de Clara, je vais commencer mon discours d'introduction. *(Elle cherche Clara.)* D'ailleurs, où est Clara ?

VALÉRY. — Elle s'en est allée avec Léa.

CLAUDE. — À cause de la soupe à la courgette.

SOPHIE. — La soupe que vous avez sur la tronche, Danny et toi ?

DANNY. — La sculpture de Clara en a reçu avant nous.

SOPHIE. — Pardon ?

DOMINIQUE. — C'était un happening !

SOPHIE. — Comment ça, un happening ?

VALÉRY. — Nous ne voulons pas de votre éolienne, Mme la maire !

SOPHIE. — Oh là là ! Vous êtes encore là-dessus ?

DANNY. — On veut pas que tous les oiseaux du pays se fassent massacrer !

DOMINIQUE. — Pas seulement les oiseaux, d'ailleurs !

SOPHIE. — Victor vous a expliqué cinquante fois qu'il y aura des radars ! Hein, Victor ?

VICTOR. — Oui, oui, des tas de radars.

DANNY. — On n'en veut pas, de vos radars !

SOPHIE. — Chères toutes et chers tous, le sujet est clos, l'éolienne sera inaugurée la semaine prochaine malgré le sabotage dont elle a été la victime cette nuit !

DOMINIQUE. — ON VEUT PAS !!!

VALÉRY. — Nous refusons CA-TÉ-GO-RI-QUE-MENT !!!

DANNY. — Exactement ! CA-TÉ-GO-RI-QUE-MENT !!!

SOPHIE. — Chères toutes et chers tous, la République a parlé…

DOMINIQUE. — Tu vas voir ce qu'on lui fait à la République !

Il décroche le portrait du Président et s'apprête à le fracasser au sol. Claude le retient, brève mêlée générale. Tout le monde se calme rapidement et le portrait présidentiel est posé au sol.

SOPHIE, *à Camille qui note toujours.* — S'il vous plaît, veuillez ne pas communiquer à vos lecteurs ce petit incident…

CAMILLE. — Ne vous inquiétez pas, je suis sur quelque chose de beaucoup plus intéressant.

SOPHIE, *inquiète.* — Ah oui ? Et qu'est-ce que c'est ?

CAMILLE. — Cette affaire de salle des fêtes murée.

SOPHIE, *s'énervant.* — Non, mais ça suffit ! Il n'y a rien à dire là-dessus !

CAMILLE. — J'aurais simplement besoin de précisions sur la chronologie des faits.

SOPHIE. — Rien du tout !

CAMILLE, *à Claude.* — Quand le vol des volets a-t-il été découvert ?

SOPHIE. — Ça vous regarde pas !

CLAUDE. — Y a deux mois, à peu près.

CAMILLE, *à Danny.* — Et quand a-t-il été décidé de murer les fenêtres ?

DANNY. — Le jour même, je crois.

SOPHIE. — Il fallait bien faire quelque chose !

CAMILLE, *à Valéry.* — Des événements ont-ils été organisés dans la salle des fêtes depuis ce moment ?

VALÉRY. — Plein ! Tout prétexte était bon à investir la salle des fêtes !

SOPHIE. — Tu exagères, Valéry !

CAMILLE, *à Dominique.* — Bien sûr, toutes les lumières étaient allumées lors de ces événements ?

DOMINIQUE. — Ben oui, vu qu'y avaient plus d'fenêtres.

CAMILLE, *à Sophie.* — Et cela, Mme la maire, a évidemment occasionné une augmentation des dépenses électriques.

SOPHIE. — Et alors, c'est votre problème?

CAMILLE, *se dirigeant vers le débarras.* — Ce qui est étrange, c'est que les volets dont le vol a occasionné cette augmentation des dépenses d'énergie se trouvent… *(Elle ouvre le débarras et sort un des volets.)* Ici!

DANNY, VALÉRY ET DOMINIQUE. — Les volets volés!

CLAUDE. — Vous le saviez qu'ils étaient ici, Mme la maire?

SOPHIE. — Mais ce ne sont pas du tout les volets de la salle des fêtes, voyons! Ce sont des volets que je garde… au cas où.

CLAUDE. — Pourtant, il m'semble bien que j'les reconnais…

SOPHIE. — Tu te trompes! Ce sont des volets mais pas les volés!

SCÈNE 10

Léa et Clara entrent.

VICTOR. — Ah! Léa!

CLARA, *subjuguée.* — Oh! Victor!

LÉA. — Excusez-nous, on vient juste récupérer l'écharpe que Clara a oubliée.

CLAUDE. — Tu le savais que ta mère planquait les volets de la salle des fêtes?

SOPHIE. — Encore une fois, ce ne sont pas les volets de la salle des fêtes!

CAMILLE. — Pourtant, tout porte à le croire.

CLAUDE. — On a qu'à aller vérifier !

VALÉRY. — C'est cela, vérifions !

SOPHIE. — Comment ça, vérifier ?

CLAUDE. — Les supports de fixation sont restés sur les murs, on va pouvoir comparer.

SOPHIE. — Ce n'est pas la peine…

VALÉRY. — En avant !

Sophie, Camille, Valéry, Claude et Dominique sortent avec un volet.

DANNY, *à Victor.* — Vous ne venez pas, vous ?

VICTOR. — Non, je reste avec Léa pour la… soutenir moralement.

DANNY. — Ah ouais, je vois.

Danny sort.

SCÈNE 11

Clara fixe intensément Victor qui fixe intensément Léa.

VICTOR. — Quelle histoire !

LÉA. — Oh ! ça…

VICTOR. — Je n'ai pas bien compris…

LÉA. — Le coup des volets ?

Victor. — Oui, voilà.

Léa. — C'est compliqué.

Victor. — Ah ! *(Silence gênant. Clara tente timidement de se rapprocher de Victor qui tente lui-même timidement de se rapprocher de Léa.)* Vous savez que… je dois partir bientôt…

Léa. — Ah ?

Clara, *déçue.* — Oh…

Victor. — Eh oui ! L'éolienne est presque terminée.

Léa. — Eh oui !

Clara. — Oh…

Victor. — Finalement, ce petit sabotage a été bienvenu. Il me permet de rester plus longtemps…

Léa. — Sympa, ce sabotage.

Nouveau silence gênant. Clara se rapproche encore de Victor qui se rapproche encore lui-même de Léa.

Victor. — C'est dommage qu'on n'ait pas profité de tout ce temps pour mieux se connaître…

Léa. — Non, c'est très bien comme ça.

Victor, *se décomposant.* — Ah bon ?

Léa. — Je suis désolée, Victor, mais vous ne m'intéressez pas. Par contre, il y a quelqu'un que vous intéressez beaucoup.

Victor. — Qui ça ?

LÉA. — Derrière vous.

Victor se retourne et sursaute en voyant Clara le fixant à deux centimètres de lui.

VICTOR. — L'artiste locale ?

LÉA. — Elle est folle de vous. N'est-ce pas, Clara ?

CLARA. — Oui… Merci… Pardon…

Victor hésite. Il regarde Clara puis Léa.

VICTOR. — Léa, vous êtes sûre…

LÉA. — À cent pour cent.

VICTOR, *résigné*. — Bon ben… Faute de mieux…

Clara se jette à son cou.

SCÈNE 12

Sophie entre précipitamment et retient la porte de son bureau. Clara lâche Victor.

SOPHIE, *à Léa, Victor et Clara*. — Aidez-moi, ils vont me lyncher !

On frappe de grands coups à la porte.

CLAUDE, *du dehors*. — Ouvrez !

DANNY. — Ouvre, Sophie !

VALÉRY. — Ouvrez, Mᵐᵉ la maire !

Ils forcent la porte, tout le monde entre. Sophie se réfugie derrière Léa, Victor et Clara.

SOPHIE. — Soldats de la République, protégez votre maire !

LÉA. — Tu en fais vraiment des caisses…

VALÉRY. — Nous voulons des explications, Mme la maire !

CLAUDE. — Ouais, Mme la maire ! Pourquoi vous avez volé les volets ?

DOMINIQUE. — C'est un complot pour tous nous tuer, c'est ça ?

LÉA. — Je crois qu'il est temps de t'expliquer, maman.

VICTOR. — Ah ! c'est votre mère ?

VALÉRY. — C'est notre maire à tous, hélas.

LÉA. — Allez, vas-y…

SOPHIE. — Chères toutes et chers tous, sachez qu'il m'a toujours tenu à cœur de vous…

CAMILLE. — Mme la maire a gonflé artificiellement la consommation d'électricité de la commune à des fins d'enrichissement personnel.

SOPHIE. — Je tiens à protester vigoureusement contre cette accusation infondée !

LÉA. — Ça sert à rien, maman, je t'assure…

DANNY. — Mais comment elle a fait ça ?

CAMILLE. — D'abord, en privant de lumière naturelle votre salle des fêtes, ce qui a nécessité un éclairage artificiel constant.

CLAUDE. — Ah! c'est pour ça qu'elle a volé les volets !

DANNY. — On avait compris...

CLAUDE. — Ouais, mais j'aime bien le dire. Volets volés volets volés volets volés...

DANNY. — Arrête !

CLAUDE. — D'accord.

CAMILLE. — Ensuite, en faisant construire une fontaine qui nécessitait une pompe électrique. Fontaine qui était en fonctionnement vingt-quatre heures sur vingt-quatre, sept jours sur sept.

VALÉRY. — Je savais bien que c'était dispendieux et inutile !

CAMILLE. — Enfin, en augmentant la température des chauffages électriques des bâtiments publics.

DANNY. — Ah! c'est pour ça qu'il faisait si chaud !

CLAUDE. — Et pourquoi elle a fait tout ça ?

DOMINIQUE. — Pour nous buter!

SOPHIE. — Chères toutes et chers tous, c'est pour vous protéger...

LÉA. — Non, vraiment, c'est pas la peine!

CAMILLE. — Mme la maire s'est arrangée avec l'entreprise Énergie verte construction. Cette entreprise a présenté un faux devis au conseil régional. Le coût réel de l'éolienne était deux fois moindre que ce qui était annoncé.

VALÉRY. — Mais alors, Mme la maire...

CAMILLE. — … a déjà empoché la moitié de la somme avancée par le conseil régional, *via* Énergie verte construction.

DANNY. — Incroyable!

VALÉRY. — Quelle malhonnêteté!

CLAUDE. — Mais personne contrôle où va le pognon?

DOMINIQUE. — Elle est belle, la magouille!

VALÉRY. — Sachez, Mme la maire, que nous porterons plainte contre vous!

SOPHIE. — Non, vous ne ferez pas ça!

VALÉRY. — Et pourquoi donc?

SOPHIE. — Parce que vous avez profité de l'argent que j'ai touché!

VALÉRY. — Comment cela?

SOPHIE. — La plaque de votre ancêtre, dans la grand-rue… Je l'ai fait installer grâce à l'argent d'Énergie verte construction!

VALÉRY. — Vraiment?

DANNY. — C'est scandaleux!

SOPHIE. — Toi aussi, Danny, tu as eu ta part!

VALÉRY. — Ah!

SOPHIE. — La nouvelle volière… Tu crois qu'elle a été achetée comment? Et toi, Claude, tu crois vraiment que la municipalité avait les moyens de te payer tous tes gadgets?

Silence.

CLAUDE. — Si je m'attendais…

LÉA. — Dis donc, puisque tu as dépensé de l'argent pour tout le monde…

DOMINIQUE. — Pas pour moi!

LÉA. — … Pour presque tout le monde… Tu peux rémunérer Clara.

SOPHIE. — Rémunérer une artiste? Mais ça va pas?

LÉA. — C'est la moindre des choses.

DANNY. — Je suis bien d'accord!

VALÉRY. — Pour une fois, je vous rejoins, Mme la maire. Inutile de grever encore le budget de la commune.

VICTOR. — C'est une obligation légale.

CLARA, *se jetant à nouveau à son cou.* — Merci de me défendre, mon amour!

Tout le monde est stupéfait.

CLAUDE. — Ah! Ben, vous nous l'avez réparée, dites donc…

VICTOR. — Oui, mais je vous avoue que j'aurais préféré…

LÉA, *à Camille.* — Attendez un peu… Vous allez révéler l'affaire dans votre journal?

CAMILLE. — Bien évidemment.

SOPHIE. — Je ne suis pas sûre que ce soit une super idée…

LÉA, *comme si elle n'avait pas entendu Sophie.* — Si Énergie verte construction est mise en cause… l'éolienne restera à l'arrêt?

CAMILLE. — C'est possible qu'ils ne puissent ni faire réparer l'éolienne ni engager de frais de maintenance, en effet.

VALÉRY. — Alors c'est terminé !

DANNY. — Plus d'éolienne !

DOMINIQUE. — On a gagné !

Ils poussent des cris de joie.

SOPHIE. — N'empêche, quand on aura des problèmes d'électricité, vous la regretterez bien, l'éolienne !

VICTOR. — Vous pourriez peut-être faire construire une centrale nucléaire pas loin.

LÉA. — C'est bien, ça, le nucléaire ?

CLAUDE. — Un coup c'est horrible, un coup c'est génial, on sait pas trop.

VALÉRY. — Nous n'avons qu'à extraire du charbon, comme autrefois.

DANNY. — Du charbon ?! Pour enfumer les oiseaux ?!

LÉA. — On peut peut-être essayer les panneaux solaires ?

DOMINIQUE. — Ça va pas, non ? Le gouvernement cache des caméras de surveillance dans les panneaux solaires pour nous contrôler, renseignez-vous, c'est écrit sur Internet !

CLAUDE. — Attendez, je sais ! J'ai prévu le coup ! *(Il fouille dans son sac à dos et en retire des capteurs. Il en distribue à chacun.)* Tenez ! Chaque capteur est relié à un générateur électrique…

VICTOR, *sceptique.* — Comment est-il relié ?

CLAUDE. — En Bluetout… Bluetouf… Enfin bref… Il suffit de bouger un peu pour générer de l'électricité.

DOMINIQUE. — Ça peut pas marcher, ton truc…

CLAUDE. — Allez, on essaye ! *(On lance une musique entraînante. Chaque personnage exécute une chorégraphie particulière puis tous dansent ensemble. Toutes les lumières de la salle s'allument, le public est éclairé.)* Vous voyez, ça marche !

SOPHIE. — Alors, on continue !

Ils continuent tous à danser jusqu'au tomber du rideau.

FIN

L'auteur

Jacques Barutet vit en Dordogne où il s'occupe depuis près de quinze ans de la compagnie de théâtre les Têtes de l'art. Passionné par la mise en scène et par l'interprétation, il a joué et fait jouer la plupart des grands textes publiés par Art et comédie. En 2017, il a fait éditer sa première pièce *À la bonne vôtre!* coécrite avec Didier Lucerne, jouée un peu partout en France et en Suisse. Il espère, avec sa deuxième comédie, *l'Éolienne*, conquérir aussi la Belgique et pourquoi pas l'Afrique francophone et le Québec.

Retrouvez l'actualité de Jacques Barutet sur le site :
https://jacquesbarutet.blogspot.com/

Cette pièce est également disponible au format « Livre de scène » : un grand format (A4) pratique, spécialement conçu pour le travail de répétition, avec des marges de prise de notes.

Retrouvez-le en exclusivité sur notre site :
https://www.librairie-theatrale.com/products/leolienne/

Vous souhaitez jouer cette pièce ?

Avant d'en envisager la création et d'en commencer les répétitions, assurez-vous d'avoir correctement effectué toutes les démarches afin d'en obtenir les droits de représentation.

La Société des auteurs et compositeurs dramatiques (SACD) est l'organisme principal chargé de délivrer de telles autorisations. Cette pièce, parmi de nombreuses autres, fait probablement partie de leur répertoire.

Elle ne peut donc être jouée sans l'autorisation de cette société ou de son auteur.

SACD
11 bis, rue Ballu – 75442 Paris Cedex 09
Tél. : 01 40 23 44 55

Imprimé à la demande par Books on Demand GmbH, Bad Hersfeld, Allemagne

1re édition, dépôt légal : janvier 2024
N° d'édition : 202401 bis
ISBN : 978-2-37393-344-4